Nanof

Primera edición: febrero, 2019

Este libro recibió el apoyo del Sistema Nacional de Creadores de Arte, en México.

Grabado de cubierta: Víctor Ramírez

ISBN: 978-84-120099-1-0

IBIC: DCF

Enzia Verduchi
Nanof

Vaso Roto / Ediciones

A la memoria de Piero Milesi, quien inspiró la escritura de este libro con su The Nuclear Observatory of Mr. Nanof.

Lo que hablo, no lo hablo según el Señor,
sino como en locura, con esta confianza
de gloria.
2 Corintios 11, 17

Sono stanco di urlare senza voce.
Giusseppe Ungaretti

Te envío algunas noticias que me llegaron en el sistema telepático, parecen extrañas, pero son verdaderas: yo soy un astronauta-ingeniero-minero en el régimen mental, ésta es mi llave fabril.

INTERROGATORIO EN EL PSIQUIÁTRICO DE VOLTERRA I

i.- ¿...?
Me arrancaron los ojos aunque las cuencas están llenas del cielo
de Toscana. Espejos azules. Dos gotas suspendidas y móviles
que observan el mismo muro de arcilla cada mañana.

Me desgajaron la visión del mundo, dicen ellos:

La nieve manchada con la eyaculación de nuestros asesinos.
Las colinas minadas con el silencio de nuestros asesinos.
La mar resguarda el peso y el plomo de nuestros asesinos.

La córnea es más ligera y nada acalla la verdad del aire,
el desplazamiento de la nube, las formas de la nube, la fragilidad
flotando sobre nuestras cabezas.

En esta brevedad de Volterra, paraíso de higiene mental,
el mundo posible es el cielo.

ii.- ¿...?
Esa luz aséptica que lastima de tan pulcra. Ese olor a medicina
que provoca el vómito. Esta sima del infierno con veinte lavabos
y dos letrinas por cada doscientos alienados. Dos mil locos respi-
rando al unísono el excremento científico de la experimentación.
Dos mil cabezas afeitadas. Esa intermitencia en los focos de 100
watts por cada descarga eléctrica en nuestros cuerpos.
    ¿Cuerpo? Una pila, un puente entre protones y electrones.
Células nerviosas. Rayo que parte el encéfalo como una nuez. Cé-
lulas muertas.

No, yo no conozco mi cuerpo ni el deseo al inicio del siroco.
No, no reconozco esa fosforescencia en la punta de los dedos.
No, no sé quién es el otro en el espejo con las encías abultadas.

Ese que escribe ecuaciones en el vacío y repite hasta el cansancio, con los testículos al aire: «Lo que no mata, fortalece... Lo que no mata, fortalece... Lo que no mata, fortalece».

No, yo no conozco mi cuerpo, pero voy hacia mí.

iii.- ¿...?
El expediente 241167 ha capitaneado más de setecientos vuelos con barbitúricos.
Ha visto la diversidad de la luz en el espectro solar. Ha soñado que su madre le sonreía detrás del vidrio que los separa en el pabellón. Con sus manos cubrió las pequeñas cicatrices, las hendiduras de la aguja hipodérmica. No quería perforar el sueño, horadar el cielo.

> *Madre efedrina, rescátame.*
> *Madre de todas las anfetaminas,*
> *devuélveme la voluntad por un instante.*
> *Escucharé cien gritos y cien gritos*
> *más se anidarán en la cabeza.*
> *Señora adrenalina, devuélveme*
> *la paz alterada de quienes viven*
> *sin saber de estas paredes,*
> *y barrotes que me resguardan.*

Lo hallaron colgado en el árbol de olivo, desnudo. Una mosca erraba por sus labios.

iv.- ¿...?
De niño observé un tiburón enorme, medía quizá tres o cuatro metros, debió haber sido apaleado por no menos de cinco hombres en alta mar para que sucumbiera. Yacía en una plancha de concreto; a un costado, un tipo afilaba una cuchilla para reducir al pez en postas. Jamás olvidaré la mirilla extraviada, la mirada vidriosa, muerta del escualo: me persigue en el sueño y en el insomnio.

v.- ¿...?
Escucho caer una por una las gotas sobre la tierra de Etruria. El silbo del cielo es gemido. Lo sé, Dios no es perfecto, ¿puede ser dolado quien arriesga la fe en el sitio de Volterra?

Las cárceles de la razón despojan el alma de sus formas.

Noche ámbar, oscuridad sin reposo donde el relámpago es tortura. Miedo de cerrar los ojos y perderme en la insistencia del agua, en el bautizo secreto del infierno.

POSTAL:
PABELLÓN FERRI

Postal: *Pabellón Ferri, sección 4, 195?*

Milena, decapita un gallo en celo y con su sangre
dibuja en el vientre una estrella que palpite por tu ombligo.

Empuña una piedra en el sueño, algo sólido
que recuerde lo eterno y lo etéreo de nosotros.

Y en el doblez del abrigo, zurce mis mensajes,
llévalos contigo en tu paso lento por el frío.

Postal: *Pabellón Ferri, sección 4, 195?*

Tengo un colmillo entre las manos, anoche se lo arranqué al jabalí.
La fierecilla arremetió por los rincones de la habitación.

Era necesario tajar al cerdo montés, porque al cerrar los ojos,
sus gruñidos espinaban los mantos de mi cerebro.

Con este diente afilado, ennegrecido por la rabia,
tatuaré en la pared todas mis ausencias.

Postal: *Pabellón Ferri, sección 4, 196?*

He cavado profundo en la tierra
para esconder la última imagen, ese lampo
que cruza fulminante la memoria:

Sonríes, me abrazas. Sonríes,
me abrazas y subes al tren. Sonríes,
me abrazas, subes al tren y lloras
tras la ventanilla... Llueve.

He llegado a la exactitud del silencio,
donde los topos blancos no pueden hurgar.

Postal: *Pabellón Ferri, sección 4, 196?*

¿Dónde está Dios? ¡No lo he visto!

Yuri Gagarin

Milena, un hombre recorrió la órbita del planeta,
afirma que desde las alturas del cosmos la tierra es hermosa.

Vio las islas y las costas, las montañas y el curso de los ríos;
pero ¿habrá visto a Dios?, ¿el rostro de la verdad?, ¿su locura?

Quizás se vio a sí mismo, una gota de agua flotando en el espacio.

Postal: *Pabellón Ferri, sección 4, 197?*

¿A quién le escribo cuando te escribo?, ¿me escribo a mí?
¿Sobre qué labios, en qué palabras se detiene la tinta?
¿Mis palabras te cercan, te acercan al dolor de no verte?

La ausencia de ti, ¿devuelve sentido a la distancia?,
¿por qué entonces insiste la blasfemia en sostenerte,
en nutrir mi parloteo con señales falsas?

Tu nombre es una fisura en la garganta.

Postal: *Pabellón Ferri, sección 4, 198?*

Difícil explicar la agonía del hombre ajeno,
su mirada bífida que desbrizna el tiempo.

En la caída la sangre espesa, Milena,
es azogue lo que circula mansamente.

INTERROGATORIO EN EL PSIQUIÁTRICO DE VOLTERRA II

i.- ¿...?
En las coordenadas: 43°24' latitud norte, 10°51' longitud este,
el suelo helado es duro y yo sólo veo pasar los cuerpos.
El jardín amaneció cubierto con huesos de pájaros, se adelgazan
[los sonidos
del espacio. El aire ya no sostiene el vuelo, la ligera parábola del
[despegue.
Sólo veo pasar los cuerpos y, algunas tardes, converso con ese
[corazón
o ese cerebro respirando en el formol. El cristal no transparenta
[secretos,
guarda los latidos, los recuerdos en sus contornos.

Decesos: 10% por aplicación magnético-catódica
40% por trasmisión de enfermedades
50% por odio, falta de amor y afecto

Respiramos sobre ceniza de aves y trinos que abona esta tierra.
Huella mineral, tonos disecados, donde se desplazan otros fósiles.

Puedo contarlo desde la nada, desde Volterra.

ii.- ¿...?
En la pupila la oscuridad no es pura, adivina galaxias invisibles.
    Un ente de razón. Un dios sin criterio reparte pastillas y píldo-
ras entre idiotas, insensatos y tristes. La furia epidérmica se templa
con insulina y la locura se desuella con la verdad del pentotal.

29

Nada es vano en las sombras que acoge la luz
Nada es artificial en la esencia de la piedra
Nada esconde el temor de ahogarse en el agua tofana

El hálito de los narcotizados es plúmbeo. Extirpar el verbo es desvanecer el tiempo. Ésta no es mi voz. No es mía esta boca de sonidos undulantes y viscosos.

¿Quién habla por mí en la edad del sueño?
¿Quién toma prestada la voz con la que amé o maldije alguna
[vez?
¿Quién nombra el mundo en mi ausencia?

Ésta no es mi voz, pero me escucho entre murmullos.

iii.- ¿...?
El expediente 221158 es hijo mayor de la amnesia.
Se lava las manos diez veces por día. Lima sus uñas contra la pared, intuye en los bordes sangre seca. El trepanado no sabe su nombre ni recuerda la sonrisa de su mujer en mayo. Muerto antes de morir, camina con un puñado de destellos: la mariposa levanta el vuelo.
Alguien le dice al oído:

Este hombre no pasará la noche,
se ahogará en las aguas del Leteo.

Imagina su cuerpo en la pileta del nosocomio, con los pulmones fatigados y el alma a flote.

iv.- ¿...?

De niño volé sobre Roma. Siete colinas bajo mi sombra etérea. Mientras otros jugaron a las canicas o destriparon sapos, yo emigré entre las cuerdas del aire. Cien manos no fueron útiles para alcanzarme. La insolación secó mis sueños.

v.- ¿...?

Huérfano voy por este invernadero de temores, florecen punzantes, en silencio. Escúchame, Dios sin argumento, soy yo quien habla desde la crueldad, donde la angustia no es suficiente. ¿Qué quieres de mí si no me percibes?

Escúchame: apuntalado en el infierno, no aspiro al cielo.

PERFILES

El suicidio del «Dr. Muerte»

El más prolífico asesino inglés se victimó
con las sábanas en su celda de Wakefield.

El doctor Muerte se dio muerte. Difícil
era vivir sabiendo de tanto cordero cansado
pastando en las llanuras de Gran Bretaña.

Sin mano airada, aplicó 215 sobredosis de morfina,
observó en cada paciente la armonía del sueño,
y mientras se adelgazaba la contracción del pulso,
se decía: «Bendita medicina del propio Dios
que lleva a la sonrisa y al reposo eterno».

Los psiquiatras hablarán de la falta de remordimiento,
los criminólogos sumarán sus facciones suaves
en los tratados sobre el deicidio,
la prensa le dará su lugar entre los estetas
que repugnan y atraen con morbo.

Era invierno en West Yorkshire,
eran las 6:20 de la mañana cuando el doctor
vio por la fisura del hielo en la ventana,
ligeras huellas en la nieve y recordó
que jamás había visto el mar.

Giuseppe Bonfanti regresa
(noviembre 8, 1990)

> *hay quien vive como si fuera inmortal*
> *otros se cuidan como si valieran la pena*
>
> JUAN GELMAN

Nadie supo de Pepe Bonfanti
en la isla de Salina durante 46 años.
Quizás un lustro se habló de cómo
incendiaron su casa, lincharon sus bestias
y sobre cenizas escribieron: «partisano».

Nadie supo que trocó el arado por el ritmo
uniforme en una fábrica de Brasil.
En todos esos años, lentamente, degustó

alrededor de diez mil cigarros. En las tardes
pensaba: «Nessuno fu più lo stesso di prima»,
mientras los cerros de Bahía se iluminaban
con infinitos focos opacos.

(Envejeció sin la ciudadanía italiana,
mal hablando en portugués y con pensión brasileña.)

Regresó a la ínsula, volvió a la parcela familiar:
donde hubo viñedos y cabras se levantó un hotel.
Nadie recordaba al partisano, nadie quiere recordar
ciertas cicatrices bajo el polvo oscuro.

Así Pepe Bonfanti encendió un cigarro,
desde la montaña miró la bahía de Pollara,
el reflejo trémulo de sus manos
y de infinitas bombillas opacas.

Martín Ramírez conversa con la Inmaculada

Purísima, no quiero volver donde tengo mujer
e hijos, donde hay un caballo desbocado
y las espuelas aguardan colgadas.
Ahí la tierra es agrietada y seca,
no hay cielos de neón ni palmeras:
ahí la tierra no dice nada.

—Al final, niños, mujeres y bestias
nos encontraremos en el valle de Josafat.

Escucharse todo el tiempo
es estar en un túnel, en el vientre
de una culebra ciega:
paso cilíndrico y estrecho, retumban
los sonidos a toda marcha, voces
simétricas me atraviesan.

Inmaculada, sólo quiero dibujar los ecos,
trazar una ermita y oler el incienso:
aplastar a la sierpe con tus pies intactos.

Dino Campana sueña con Montevideo

A la memoria de Guillermo Fernández

En el despunte violeta de la noche,
se escucha una marejada de palabras esféricas,
suspendidas en el gas hilarante de los corredores.

Cierro los ojos:
«Andábamos, andábamos, durante días y días: las naves
imponentes, de velas empapadas de cálidos soplos,
venían a nuestro encuentro».

En el sur amanece un continente ignoto.

Crece una palmera en las márgenes del río,
huele a sal, huele a niña, el viento sabe a presagio;
una capital nace en los ojos del viajante.

Yo vi una novia sin novio, aprisionaba
un ramo de rosas sangrándose el tacto,
desposeída, intoxicada de amor.

Novia descalza, flotaba en círculos,
con la cola de tul arrastró la llanura
y afogó la alianza en las aguas del puerto.

Montevideo, inasible en la fiebre y el delirio,
esta noche eres el sueño de un sueño.

La tristeza [artificial] de Iván Istochnikov

A Joan Fontcuberta

Ligero, ligero observo el mundo,
sus omisiones que crecen con el tiempo,
mentiras que flotan por años
dentro de un vaso de agua.

Aquí el Soyuz 2 llamando a la tierra...

Ligero, sin insignias ni discursos,
sin casco, gravitando.
—¿Qué estamos haciendo en la exosfera, Kloka?
Nadie escucha tus ladridos.

Aquí el Soyuz 2 llamando a la tierra...

Estoy y no estoy, el resabio de una imagen
en el fondo de una cámara oscura;
ser y no hallarme en una impresión
en blanco y negro.

INTERROGATORIO EN EL PSIQUIÁTRICO DE VOLTERRA III

i.- ¿...?
Cerca de las rejas, cerca del mundo,
los días del siglo se suceden lentos.

No sé de mis años terrestres, el pasado quieto
no me busca ni ofrece respuesta.

Qué cansada es la noche y cómo lastima el día.

Dime que yo soy yo,
que la epidermis recubre todas mis edades.

Dime que Etruria es un sueño lejano, que Volterra no existe.

Háblame, tú que no me conoces
y dices descifrar la geografía de la mente.

Cerca de las rejas, cerca del mundo,
vivo acompañado de gritos propios y ajenos,
con mi siglo, con su sinrazón.

ii.- ¿...?
Seis hectáreas, cien mil metros cúbicos de edificios, cincuenta mil
expedientes clínicos apilados en bodegas subterráneas. Urbe de
los alienados y los tuberculosos. Cincuenta mil ánimas purifica-
das. Duchas de agua fría, baños de luz. Alteración del espíritu.

Han blanqueado con cal nuestra historia
Han frotado los rastros en espejos y ventanas
Han decolorado nuestras voces

En ciudad Salud los recuerdos se evaporan. Quema el olor del yodo en las heridas y hiede el vaho del cloro en las baldosas. Tanta limpieza lacera, atenúa la memoria.

¿Quién huele aún los campos de lavanda?
¿Quién añora el olor de la hogaza en la mesa?
¿Quién percibe la humedad de las mujeres en verano?

No, esta no es mi elección, pero evoco el olvido.

iii.- ¿...?
El expediente 030530 no cree en el perdón sino en la justicia. No sabe que Europa ha sido liberada de las nodrizas de pezones oscuros; pero él escribe cartas con letra menuda. Atrapa palabras en las ramas de los árboles que después se fugan. Piensa en el hijo que camina lento en los Pirineos, imagina América como un barco entre la bruma.

Escucharemos juntos la radio,
el paisaje pintaremos de colores,
te enseñaré a tomar la navaja de afeitar,
nombrar y desnombrar luceros.
Hijo, camina sin mirar atrás,
no apresures ni aflojes el paso,
sólo camina.

Mientras él escribe, otro se reconoce en el brillo de la noche.

iv.- ¿...?
De niño imaginé el horizonte de Yakarta y la lisura del agua en los aljibes de Estambul. Quise zarpar hacia el aliento del mar, palpar la ligera curva del mundo. Quise ser un pirata malasio desafiando a un tigre de Bengala; encender una brasa en la humedad. Observar y ser observado.
El hábito de empuñar una brújula imantada hacia el destierro.

v.- ¿...?
Dios nos confinó en su ira. Cada gitano, raro, frenético, agitador, desertor o levita es un cosmonauta flotando en las márgenes del sitio de Volterra. Vuelos lunares. El otro entre los otros. Cientos de rostros anestesiados por el miedo. Un experimento ordenado del Caos.
Hermanos, no conozco más misericordia que la del paisaje.
Hermanos, abracemos un árbol hasta fundirnos en su savia.

GROENLANDIA

En los días recientes he pensado en Groenlandia. En los inuit y su lengua, trato inútilmente de pronunciar sus nombres. Leí que las distancias en Groenlandia se miden en *sinik*, en «sueños», en el número de pernoctas que dura un viaje.

...por momentos, recuerdo la blancura de Nuuk, como si se pudiera añorar lo que no se conoce.

[2]

¿Y si Groenlandia no existe?, ¿si en realidad es un sueño?, ¿un pensamiento bajo cero para recordar la alquimia del agua? Entonces, ¿existo o soy parte del hielo?

[3]

Todas las respuestas están en el hielo, en las vetas del hielo. Eres tan lejana, Groenlandia, dilatada como la noche. Inabarcable y lenta flotas hacia los polos ocultando tus misterios.

¿Qué existe debajo de tu estado sólido, del silencio compacto, de la densidad más ligera que el agua?

Muero en el ardor de tu abrazo, en el deseo helado de tu caricia. Muero de ti / sin ti.

[4]

Extraño lo que desconozco y no sé dónde encontrarlo. Las referencias geográficas no me son suficientes, Groenlandia. Si yo pudiera tenerte, asirte, pero tu esencia inasible pesa más que mi nostalgia. Te desvaneces aún sin conocerte.

[5]

Tu nombre es un continente. *Kalaallit Nunaat / Grønland.* Tu nombre es una herida, una elipsis. Una isla entre el Atlántico y el Ártico. Tu nombre es el deseo, el olvido. Es la tundra, la corriente del Labrador. Tu nombre es un destello en la nieve. La bahía de Baffin y el estrecho de Davis. Tu nombre, arde.

Interrogatorio
en el psiquiátrico de Volterra IV

i.- ¿...?
Mi querido, amado asesino
a quien ofrecí la sien y las venas,
que has insultado la condición humana
allanando mi carne con pródigos ensayos.
No sabes leerte a ti mismo,
no distingues entre la risa y el llanto,
pero acallas el centelleo de la locura
y llevas al equilibrio en un bosque oscuro.
Ángel de la guarda, exterminador de neuronas,
me has dado paredes blancas y techos altos,
me entregaste al anonimato del número
y borraste el último recuerdo de una caricia.
Homicida que blandes la aguja
y dejas circular la muestra alcaloide de tu amor,
no me abandones, abrázame,
abrázame hasta asfixiarme.

ii.- ¿...?
La madrugada despunta los caminos del furor, los recovecos de
la mente alientan la carrera en el espacio donde habitan los que
soy. Tres veces llega el mensajero y entume el ánimo con cinco
miligramos de haldol.

La lucidez de signos y cifras se comprime en la nuca.
La agilidad del nervio se aletarga en el húmero.
La luz y su equilibrio se quebrantan en el ojo.

Entre omisiones, en las vacantes del día, respiro. Inhalo y exhalo entre paréntesis, sin saber qué queda fuera, sin saber qué resta adentro. Tengo envarada el alma.

No, no sé quién mira fijo al sol en la canícula.
No, no soy yo quien observa la mosca desovar en el cristal.
No, no conozco al ciego de pupilas de plata.

No soy el vidente, pero vislumbro mi caída.

iii.- ¿...?
El expediente 181030 es un soldado que sufre valor artificial. Tres tragos de grapa para el frío. Fumar, aspirar con la boca inflamada; agazapado en la trinchera. Un rifle en las manos: hiere el sonido del disparo. Hiere el trayecto incierto de la bala. Hiere el saberse lejos. Sólo el aguardiente funde fantasmas en la niebla.

...Mambrú se fue a la guerra,
nadie quiere este temblor de acero,
este miedo como diáspora de hormigas
que irradia por debajo de la piel.
—¡Qué dolor, que dolor, qué pena!
En el puño caben las arenas de Abisinia,
entre las palmas los montes de Albania,
las noticias que traigo son tristes de contar:
Mambrú ha muerto, patria,
y el regimiento tiene seca el alma.
—¡Qué dolor, qué dolor, qué entuerto!

Cada mañana, en el patio del hospital, recuesta el cuerpo contra la pared: espera ser fusilado.

iv.- ¿...?
De niño lapidé a un perro. Cincuenta piedras contra un patituerto que movía el rabo cuando olisqueaba a los chicos del barrio. Estúpida tribu de miserables, ajenos a los secretos del agua y la conciencia.

Mientras alguien velaba a las ballenas en el mar de Islandia, nosotros apedreamos a un perro. Y en las noches aún perseguimos un refugio para eludir el llanto.

v.- ¿...?
Dios, tu presencia me incomoda. Lo que se hace y dice en tu nombre, me incomoda. Las maneras de mostrarte en Volterra, me incomodan.

Prefiero el lenguaje cifrado de los ríos, el suave vórtice en el caudal de L'Era. El silencio en las colinas, cuando el viento abandona el valle del Cecina y las nubes descansan en los ojos.

...entonces el dolor es lejano.

TABLA PERIÓDICA

Così avviene, dunque, che ogni elemento dica qualcosa a qualcuno (a ciascuno una cosa diversa), come le valli o le spiagge visitate in giovinezza...

Il sistema periodico, PRIMO LEVI

Au 79

Cinco soles no son suficientes para esta mañana
ni un campo de girasoles, todo cegará
el despertar de la vanidad.

C 6

El grafito se desliza en el papel,
deja trazos urgentes y el borrador
desvanece algún adjetivo, palabra, frase,
depurando la escritura. Lo cierto
es que la goma desconoce las razones
del lápiz, lo sustantivo de su pálida grafía.

Pb 82

Cae a plomo, gris y dúctil,
blando en el agua, en la sangre,
inhalar-exhalar, sobrevivir
a la edad del plomo.

Xe 54

Extranjero, sílabas brotan
inodoras y desteñidas
en una lengua ajena.

Nada echa raíz en el aire,
en un idioma insípido
donde el árbol no es memoria.

Extraviado, soy el hijo que no tuve
y su nombre crece en esta eternidad.

Mi madre empezó a perder los dientes
con el tercer crío, con los años
se desgastaron los engranajes.
Las falanges de las manos
eran un ramillete poroso y quebradizo;
se protegía de golpes y caídas
como quien cuida de un caballito
de cristal en la repisa.
Nadie como ella supo tanto
de las bondades de un vaso de leche.

Fe 26

Frente al plato de espinacas,
empuñando indeciso el tenedor,
me digo: «¿Quién asegura que estas hojas
frescas y brillantes, amargas, me devolverán la fe?»
Observo la luz del mediodía,
los troncos y las ramas de los árboles:
todo es más fuerte que yo —Ipse dixit.

«Matamos porque mataste», repiten
los partidarios de la inyección letal.
«Matamos porque mataste:
pero nosotros somos pulcros,
quirúrgicos, y contigo culmina
nuestra ira e impotencia».
Damos la cara, el espectáculos siniestro
del paraíso artificial del pentobarbital
y el estanco del diafragma.
«Matamos porque mataste:
pero somos exactos con la jeringa
y la conciencia, con el cóctel de sustancias,
con la dosis precisa de cloruro de potasio».
...que lo diga Romell Broom, tras dieciocho
pinchazos en la prisión de Lucasville, Ohio.

Interrogatorio
en el psiquiátrico de Volterra v

i.- ¿...?
Dejen que el alma rebote en las corrientes
—entre estas paredes de goma— y halle
las grafías traslúcidas de la amnesia.

Seré El nacido, trinidad linfática junto con la piedra y la flor.

Caminaré desvertebrado bajo el cielo de Toscana,
como quien busca sus huellas bajo la lluvia, la sombra del pie,
la sorda respuesta en el reflejo del charco.

Seré El resucitado, mi nombre en el eco de otra voz.

No reconoceré la historia de mis manos
porque seré un hombre electrificado, distinto,
que desconoce el hambre y el frío.

Seré otro, seré el mismo, un ser invisible.

ii.- ¿...?
500 miliamperios para el perturbado. 110 voltios para el venático.
Donde no llega el metrazol, el potencial eléctrico traspasa el pulso
del catatónico.

Arden las paredes de las venas.
Arde el saberse vivo, queman las visiones.
En cada tañido me arde el corazón.
En blanco.

Abajo, abajo, cada vez más abajo, un destello en la inmensidad: estático y disperso. Una esfera.

¿Qué resta del árbol tras la furia?
¿Qué escucha el albatros en la holgura del vacío?
¿Qué misterio recogen las vetas del agua en el deshielo?

No, ésta no es mi voluntad, pero intuyo el fuego.

iii.- ¿...?
El expediente 100150 ha dado más de trescientos pasos sin dopamina. Ha escuchado nevar sobre el oleaje. Ha visto llover en el desierto. Habla con su abuela, le susurra. Oculta el ligero temblor de sus manos entre las piernas. No desea quebrantar el ritmo, forzar el tiempo con gestos reflejos.

> —*Que no mate el olvido,*
> *que los indiferentes*
> *no dilapiden mi amor*
> *y el mar jamás se evapore,*
> *lleguen olas nuevas;*
> *el llanto libere, me sane.*
> —Ma dove ti sei perduto?

Lo encontraron dormido, abrazado a una piedra. Una hormiga recorría su oreja.

iv.- ¿...?
De niño me tragué a mi padre. Mastiqué las sílabas latinas de su nombre, engullí su ausencia. Sólo heredé su rigidez vertebral, el acompasado enriquecimiento en las junturas. No debí haber nacido con la alucinación constante de su sombra. El hijo de nadie aprendió a ser el hijo de nadie.

v.- ¿...?
Escucho caer una por una las últimas gotas sobre la tierra de Etruria. La muerte me susurra que viva. Fatigado, observo cómo se alzan las estrellas y descienden en el aire. Implosión, polvo sideral cubre mi rostro. Lo sé, soy el ligero trazo en algún pensamiento, el castigo de la ciencia inútil.

Lo sé, el universo es cuadrado, profundo, como el cielo de Volterra acotado en la ventana.

POSTAL:
Pabellón Ferri, sección 4, 24 de noviembre de 1994

Se fueron Pietro, Silvia, Edoardo, Hilaria,
arrastrados por la melancolía: todos están en el muro.

El hermano de Pietro, el padre de Silvia, la mujer de Edoardo,
la hija de Hilaria, ¿tuvieron un cuerpo qué enterrar?, ¿vieron
las marcas de ligadura y de piquetes en sus brazos?, ¿la tráquea
limada por el paso de píldoras y pastillas?, ¿acariciaron
las huellas de electrochoques y de lobotomías?

Estábamos equivocados en nuestros defectos,
en los estigmas de la esquizofrenia, en nuestras visiones
de cielos púrpuras y santos revolucionarios.
Los errores eran nuestros: la creencia, la fe, era nuestra,
nos acompañaba de día y nos atormentaba de noche.
El deseo que viajaba como tren bala era de Luigi, Filipo,
Pía, Andrea. La exudación y la exactitud del dolor eran de ellos.

¿Alguien tomó las palabras de Luigi?, ¿la piedra
de la extracción de la locura de Filipo?, ¿los gemidos
de Pía?, ¿los cortes en las muñecas de Andrea?

Las conversaciones y la música de la banda desafinada
los sábados en la plaza son nuestras. La plaza
es nuestra, así como el mercado y los aviones
sobrevolando el pueblo con sus vientres cargados
de bombas, los estallidos y los muertos son nuestros.

Las preguntas a las que nadie daba respuesta,
preguntas sin forma ni peso, eran de Piero, Matteo,
Hilaria, Domenico, así como las piedras y la indiferencia.

¿Quién puede explicar la transparente tristeza de Piero?,
¿los temores de Matteo?, ¿las contusiones de Hilaria?,
¿los párpados cansados de Domenico?

Todos se fueron, pero cada expediente lleva sus nombres.
Detrás de cada número y clave, están sus nombres.
Aquí estuvieron, pisaron la tierra húmeda y asistieron
en fila india a la fiesta de san Justo, patrono de Volterra.
Suyas fueron las risas y las cintas de colores en el pelo,
los alumbramientos.

Nuestro el largo pasillo al quirófano, el olor supurante
en la piel, el enjambre de moscas alrededor, el aullido
por la abstinencia y la ceguera. Las costras, los sueños,
los tajos, los errores son nuestros. Nuestros los nombres,
los caminos ceñidos de la colina, las lágrimas,
la torpeza.

Somos «los de adentro», a un paso de estar
a tres metros bajo tierra dando carcajadas de hiena,
los alienados, los podridos de la mente, los distintos,
los anímicamente desmembrados.

Somos los otros, somos nuestros y sobreviví para contarlo.

Nota

Oreste Fernando Nannetti apenas sabía leer y escribir. En 1948 fue acusado de agredir a la autoridad y el juez encargado del tribunal de Roma lo sentenció «per vizio totale di mente». Ese mismo año fue internado en el asilo de Santa Maria Della Pietà, en Roma. En 1956 fue transferido al Hospital Psiquiátrico Judicial de Volterra, en Toscana, donde pasó más de treinta años.

Durante nueve años de su permanencia en el manicomio de Volterra, de 1959 a 1961 y de 1968 a 1973, realizó un grafiti con la hebilla de su cinturón sobre un muro del pabellón psiquiátrico: un libro de más de setenta metros de largo por dos de alto. En la obra convergen sentimientos, biografías, crímenes repentinos y testimoniados. Fueron páginas de piedra donde contó una historia geográfica, química y astronómica paralela a los códigos convencionales, por medio de caracteres y diagramas casi alquímicos, donde asoció metales, figuras geométricas y números, donde él mismo aparece periódicamente. En 1978, tras la promulgación de la Ley Basaglia, el nosocomio fue cerrado y el inmueble abandonado. Se estima que actualmente sólo se conservan cincuenta y tres metros de la obra original.

Cuando hablaba del grafiti, Nanneti se refería a sí como «el otro», Nanof o N.O.F. 4 (acrónimo de Nanneti Oreste Fernando).

Se sabe que escribió varias cartas a su familia y a una mujer imaginaria de nombre Milena, misivas que nunca se expidieron y quedaron en los archivos del nosocomio. En todos esos años nadie lo visitó.

Gracias a la labor de transcripción de Mino Trafeli y a la fotografía de Pier Nello Manoni en *N.O.F. 4 Il Libro della Vita*, editado en 1984; al documental de Paolo Rosa rodado en 1985, *L'osservatorio nucleare del signor Nanof*, con la música de Piero Milesi; y al artículo de Antonio Tabucchi «Caro muro ti scrivo», en el semanario *L'Espresso*, en 1986, se comenzó a difundir la obra de Nanneti, considerada una muestra emblemática de *Art Brut*.

En 2006 la revista *Quaderni d'Altri tempi* dedicó un número completo sobre el autor y el muro, aportando importantes datos biográficos sobre la prácticamente desconocida vida de Nanof. En 2011, la Collection de L'Art Brut Laussane, Suiza, presentó la primera gran retrospectiva de esta obra a cielo abierto.

Oreste Fernando Nannetti murió el 24 de noviembre de 1994.

Índice